So geht's:

Das Beispiel zeigt, wie du mit miniLÜK spielst. Die Übung findest du auf Seite 2 und 3. Öffne das miniLÜK®-Kontrollgerät und lege den durchsichtigen Boden des Kontrollgerätes auf die untere Übungsseite deines miniLÜK-Heftes.

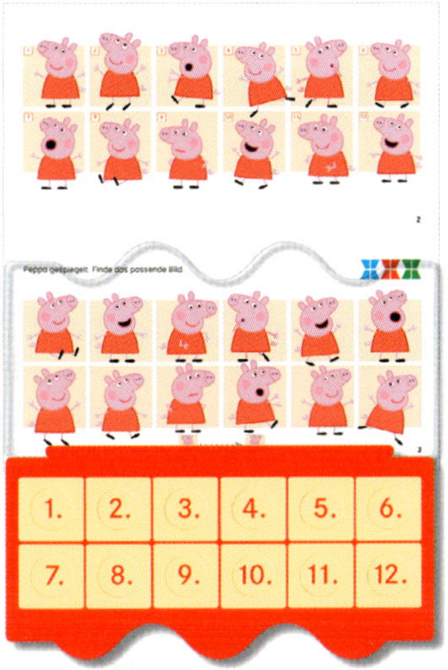

Nimm Plättchen 1. in die Hand und sieh dir Aufgabe 1. an. Hier siehst du **Peppa**. Suche nun das passende Spiegelbild auf der unteren Seite und lege Plättchen 1. auf dieses Bild. Die Ziffer 1 muss dabei nach oben schauen.

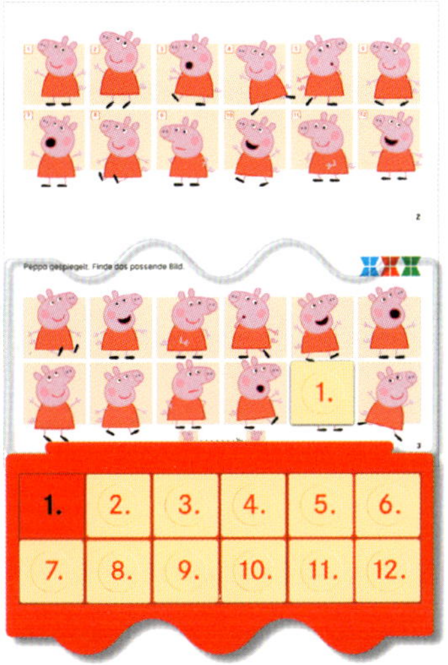

So spielst du weiter, bis alle 12 Plättchen auf dem durchsichtigen Teil des Kontrollgerätes liegen und keine Bilder mehr zu sehen sind. Dann schließt du das Kontrollgerät und drehst es um. Wenn du das abgebildete Muster siehst, hast du alles richtig gemacht.

Passen einige Plättchen nicht in das Muster, löst du diese Übungen einfach noch einmal.

Stimmt es jetzt? Dann nun viel Spaß!

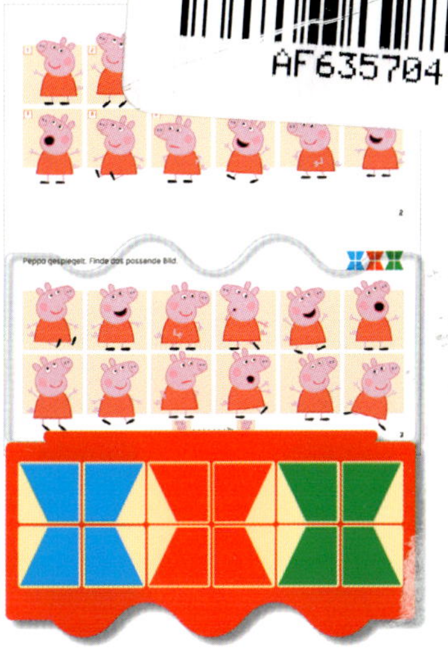

1
2
3
4
5
6
7
8
9
10
11
12

Peppa gespiegelt. Finde das passende Bild.

1
2
3
4
5
6
7
8
9
10
11
12

Zwölfmal Schorsch. Finde denselben Gesichtsausdruck.

1
2
3
7
8
9
4
5
6
10
11
12

Finde den passenden Schatten.

1
2
3
4
5
6
7
8
9
10
11
12

Wer ist das?

1
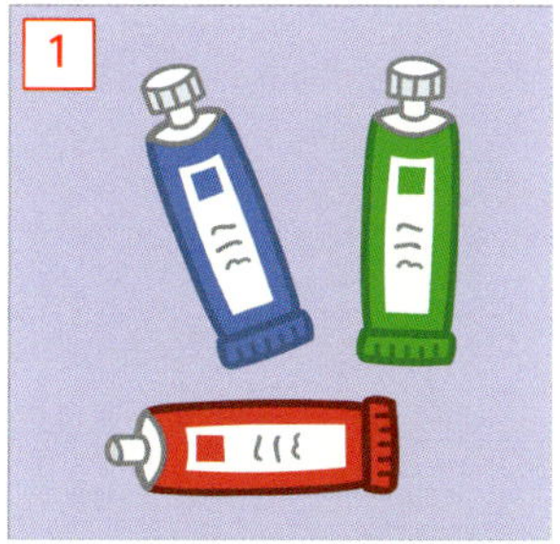
2

3

4

5

6

7

8
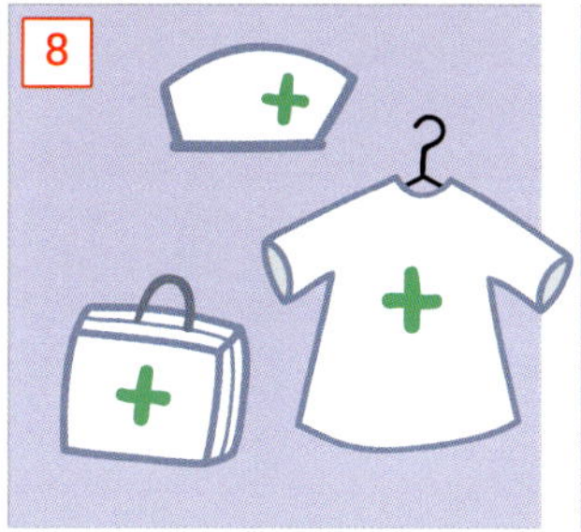
9

10

11

12

Was gehört wozu?

1

2

3

4

5

6

7

8

9

10

11

12

Was gehört nicht dazu?

1
2
3
4
5
6
7
8
9
10
11
12

Findest du die passende Pfütze?

9
10
11
12
1
2
3
4
5
6
7
8

Ordne die Farben den Personen zu.

1
2
3
4
5
6
7
8
9
10
11
12

Wer versteckt sich wo?

1
2
3
4
5
6
7
8
9
10
11
12

Was fehlt hier?

1 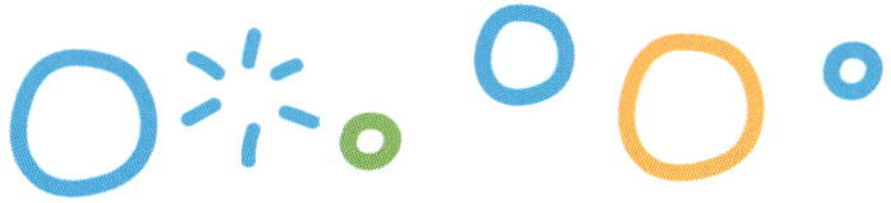

2 

3 

4 

5 

6 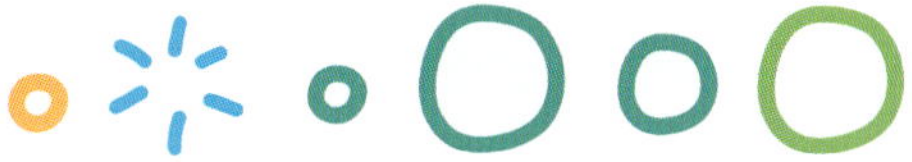

7 

8 

9 

10 

11 

12 

Seifenblasen. Welche fehlt?

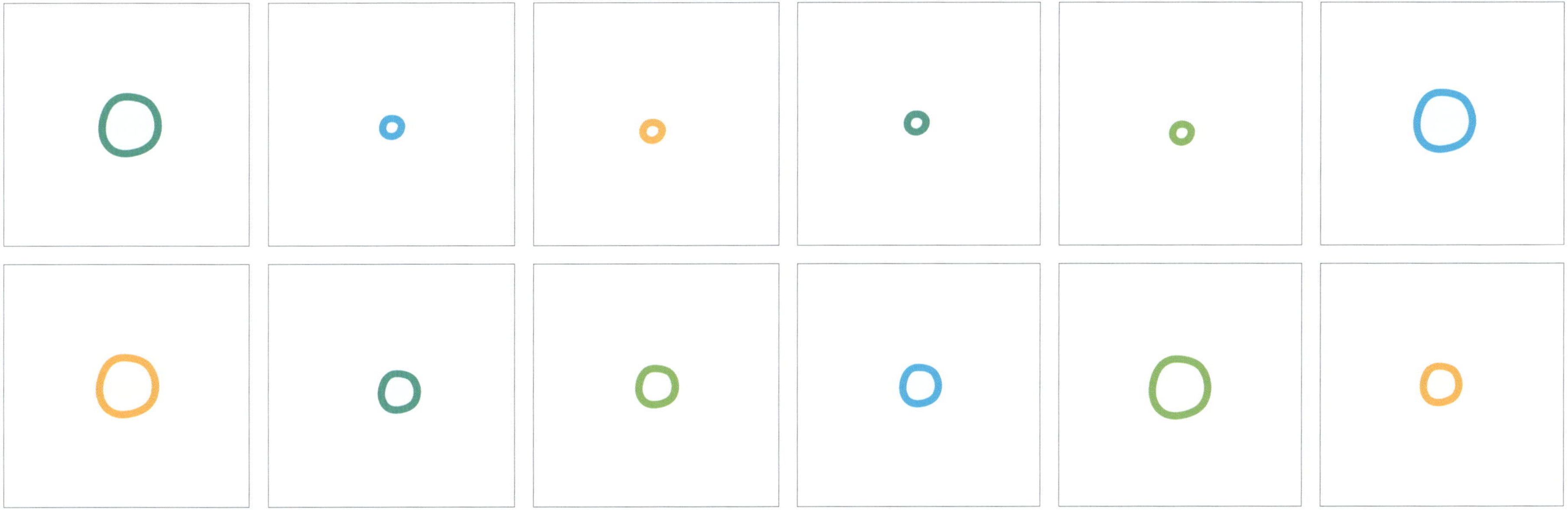

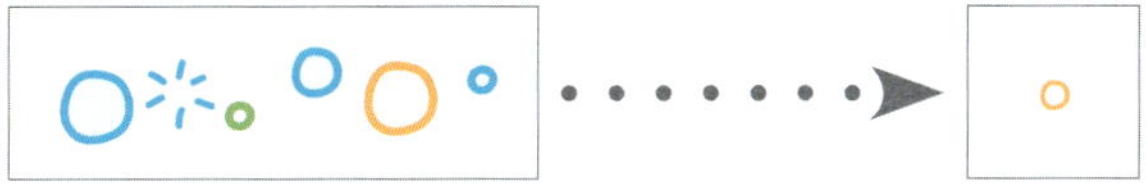

1
2
3
4
5
6
7
8
9
10
11
12